풍경소리

풍경소리

변경이 지음

하나. 붓다의 향기

둘. 사랑의 대화

목차

셋. 자연의 노래

하나.
붓다의
향기

마음꽃

가슴속에
한 송이 꽃이 있습니다
오로지 단 한 사람
자신밖에 볼 수 없는 꽃
늘 숨죽여 침묵한 채
주인이 살펴주기만을
애타게 기다립니다
좁고 답답한 곳을 떠나
언젠가는
넓고 광활한 세상에서
피어날 수 있다는
꿈을 버리지 못합니다

봄이면 산과 들
진달래꽃 화사하나
금세 시들어 버리고
여름이면 바닷가
모래알들 반짝이나
금세 흩어져 버리고
가을이면 올레길

코스모스 황홀하나
금세 스러져 버리고
겨울이면 한라산
상고대 눈부시나
금세 녹아내려서
시절인연의 뒤안길로
모두모두 사라집니다

그러나
보려면 항상 문을 열며
따뜻하게 반겨주고
쓰려면 변함없이 나타나
자유롭게 행동하는
영원불멸의 꽃
세상에서
가장 귀하고 경이로운 꽃
가장 멋지고 향기로운 꽃
검지도 희지도 않은
영롱한 빛으로
내 안에 피어 있는 천상의 꽃

우리는

그 꽃을 마음꽃이라 합니다

동백꽃

가장 아름다울 때
떠날 줄 아는
정녕
비움의 법신

이미 떨어져서도
꽃일 수 있는
정녕
수행의 화신

툭툭 몸을 던져
마음으로
승부를 건
백척간두 진일보

그 붉은 의연에
넋을 잃고
다소곳이
두 손 모을 때

나는
너에게서
붓다의 향기를
맡고 말았다

풍경소리

댕그렁
바다를 떠난 물고기
처마 밑에서
세상을 깨우고

댕그렁
속세를 떠난 그대
법당 안에서
사랑을 피우니

댕그렁
번뇌를 떠난 나는
그대 품에서
성불을 보리라

풍경소리 2

잠잘 때도
깨어 있는 이유로
산사 처마에
매달린 너
하얀 파도가
높새바람 몰고 와
고향으로 돌아가자
손을 흔드니
댕그렁 댕그렁

눈뜬장님
물속에서
물을 찾는 이유로
법당 마루에
엎드린 나
무지한 중생
두고 갈 수 없어
어서어서 깨어나라
댕그렁 댕그렁

中道花

양변을 여읜
無心의 꽃
그 무엇에도
그 누구에게도
집착하지 않는 평화의 꽃
中道의 꽃을 피우기 위해
핸드폰이라는 바늘에다
덜 익은 풋사과 영혼을 꿰어
오늘도 어김없이 글을 쓴다
오늘도 변함없이 편지를 부친다

때로는 빗물처럼
때로는 폭풍처럼 다가오는
인연들의 말과 행동마저도
마치 내가 한 것처럼
녹여내고 이해하기까지
얼마만큼의 시간이 필요할까
네가 내가 되기까지
나는 얼마나 더 닦아내야 할까
내가 네가 되기까지

우리는 얼마나 더 비워내야 할까

무채색의 영롱한 中道花
그 자유의 꽃을 피우기 위해
눈으로 봐도 본 바 없이
귀로 들어도 들은 바 없이
입이 있어도 말한 바 없이
가장 낮은 두 발에 의지한 채
下心이라는 걸망 하나 둘러메고
그저 묵묵히 나의 길을 가야겠지
그 꽃을 보기 위해
그 꽃이 되기 위해

연꽃

님이시여
울지 마소서
육신은 멀리 있지만
영혼은 함께입니다

님이시여
울지 마소서
인연은 이별하지만
선연은 영원합니다

님이시여
눈물을 거두소서
그대 흘린 눈물
심장에 핏물로 흐르나니

님이시여
눈물을 거두소서
그대 깊은 사랑
자성에 횃불을 당겼나니

님이시여
내 안의 님이시여
이제 미소를 지으소서
진흙을 박차고 떠오른
그대 안의 연꽃이 되오리다

우리는

우리는
울면서 왔지만
웃으며 떠나야 할
겨울 나그네

우리는
번뇌라는 노를 저어
피안의 언덕에 가야 할
겨울 뱃사공

우리는
회색의 침묵으로
찬란한 봄날을 꿈꾸며
자성의 불씨를 지펴
자비의 꽃을 피워야 할
겨울 절대자

우리는
중년의 고갯길에서
퍼즐을 완성할 즈음

돌아가야 할 고향이
눈앞에 펼쳐지는
겨울 수행자

우리는
순백의 눈처럼
한마음으로
서로서로 뒤엉켜
사랑하다 녹아야 할
겨울 아이들

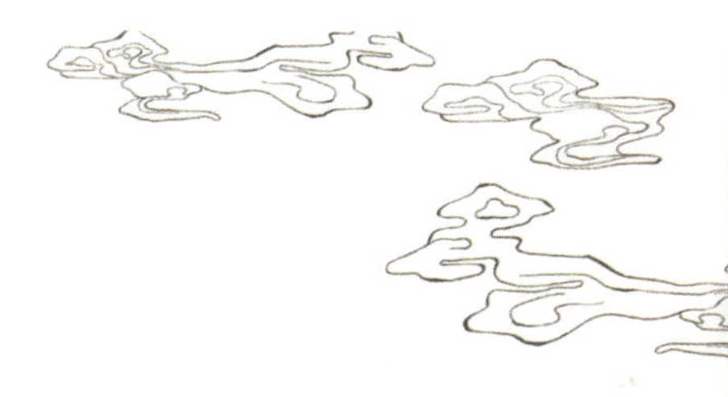

너무 외로워 하지 마세요

님의 눈빛 늘 보고 있는
한 사람 여기 또 있나니
너무 슬퍼하지 마세요

님의 눈물 흘러
마음의 바다에 닿으면
연어의 몸짓으로
님 곁에 거슬러 올라가
함께 눈물 흘리오이다

님의 가슴 늘 알고 있는
한 사람 여기 또 있나니
너무 아파하지 마세요

님의 고통 넘쳐
영혼의 산맥을 넘으면
바람의 신음으로
님 곁에 다가가 안고서
함께 통곡하여지이다

님을 보고
님을 아는
님과 하나인 사람
여기 또 있나니
너무 외로워 하지 마세요

대금

삼매봉 오름
풀 내음 짙어지면
옷깃 사이로
스며드는 솔바람
하나둘
총총히
별이 내리려 할 즈음
삘리리 삘리리
어디선가
나지막이 들려오는
영혼의 피리소리
뉘라
맺힌 한 그리 깊어
달님마저
숨죽여 울리는가
꿈속을 노닐다
새벽까지 이어질
애절함이여

사랑나무

사랑나무가 있었다
사랑의 열매를
맺기 위해
무엇을 해야 할지
고민하던 나무는
어느 날
문득
알게 되었다

새 한 마리가
나뭇가지에 앉아
한참을 쉬하고
힘차게
날아갔을 때
이미
자신이
사랑이었다는 것을

배롱나무

몹시 무더운 여름
처절히 피고 지는
백 일 간의 고행
앙상한 나뭇가지
벗기고 또 벗겨도
쌓이고 또 쌓이는
다겁의 번뇌 망상

차라리
허공을 나는
새가 될까
하늘에 흐르는
구름이 될까
되뇌고 또 되뇌어도
피할 수 없는 業의 근원이라

또다시
눈보라 치는 겨울
맨몸으로 견뎌내야 할
의연한 원력을

붉은 수피 안에 품는
그대는 정녕
진분홍 해탈 노래이어라

空의 연가

한 줄기 바람이
두 빰을 만지고
한순간 음악이
두 귀를 스칩니다
당신이 오실 때 불던
그 바람이고
당신이 가실 때 듣던
그 음악입니다
볼 수도
만질 수도 없는 당신은
나의 바람이었고
있는 듯 없고
없는 듯 있는 나는
당신의 음악이었습니다

한 잔의 차 속에
당신을 넣고 나를 넣어
사랑이 차가 되었을 때
만남도 이별도 없었음을
알았습니다

한순간의 침묵 속에
바람을 넣고 음악을 넣어
인연이 침묵이 되었을 때
기쁨도 슬픔도 없었음을
알았습니다
나를 사랑했고
당신을 사랑했던
우리들의 사랑은
실체 없는 그 무엇이었습니다

퀀텀리프 Quantum Leap

설레는 꿈으로
밭을 일구고
씨앗을 뿌렸습니다
그러나
싹이 돋아날
기미조차 안 보이자
서서히 지쳐갔습니다
포기를 생각할 즈음
싹은 돋아났으나
더 이상 자라진 않았습니다
희망의 물과 믿음의 거름을
계속 주어야 할지 말아야 할지
그대가 고민하는 그 순간에도
대나무 뿌리는
성장을 위한
마지막 치밀한 준비가
보이지 않는 곳에서
이미 시작되고 있었습니다

그대여

그대의 꿈은
지금 몇 년째입니까
혹여 점프를 앞둔
사 년째 포기를
선택하고 있지는 않나요

그대여
오 년의 침묵이
오백 년의 꽃으로 피어나
오천 년의 향기로 퍼지리니
포기하지 마십시오
그대가
지루했던 만큼의 속도로
번개처럼 성장할 것이요
그대가
힘들었던 만큼의 분량으로
폭풍처럼 성장할 것이리니
그대여
절대 포기하지 마십시오
결코 절망하지 마십시오

육바라밀松

여명을 밝힌 구름
영축산 암자를
백옥같이 에워싸니
백운암이라 했던가
꿈인 줄 알면서도 속는
허망한 사바세계
차마 태워버릴 순 없어
등신불이라 했던가
청명한 풍경소리에
산 정상으로 향한 길
발걸음도 가벼웠건만
백팔 계단 앞에 선 채
얼어붙은 이 마음이여

모진 북풍한설 견뎌내랴
갈래갈래 뒤틀린 육신
질긴 번뇌 망상 끊어내랴
돌장승처럼 굳어버린 넋
육바라밀 소나무여
뉘라 그 세월 알리요

바위틈을
토굴로 선택해야 했던
한 맺힌 설화를
뉘라 그 가슴 알리요
벼랑 끝을
스승으로 섬겨야 했던
억겁의 사연을

千年의 눈물

늦은 가을비
기와지붕을 타고
눈물짓나니
산사의 빗방울
더없이 애달파라

한곳만을 응시한 채
落水를 방편 삼은
인고의 세월
공부는 마친 걸까
佛道는 이룬 걸까

타파하지 못한
화두를 뒤로하고
먼 길 떠난
고승의 痛恨인 양
더없이 서러워라

진흙 바닥 사이
스며든 줄 알았던

千年의 눈물방울

어느새

내 눈가에 맺혔더라

촛불 켜는 밤

매서운 겨울바람이
법당문을 스치는 밤
님의 뜨거운 눈빛이
야윈 육신을 비추고
애절한 염불소리에
지난날의 상념들이
행여 눈물로 쏟아질까
두 눈을 감았는데
촛불에게 그만
마음을 들켰습니다

소인 대신 흘려주는
하얀 눈물이 고마워
함께 울어버렸습니다
소인 대신 춤을 추는
불꽃 몸짓이 서러워
함께 녹아내렸습니다

님이시여
나의 님이시여

제 몸을 태워
사라지는 촛불처럼
제 영혼을 바쳐
님에게로 향하옵니다

님이시여
나의 님이시여
무명에 가려진
나의 번뇌는
광명으로 밝혀주시고
경계에 부딪힌
나의 망상은
자비로서 품어주시어
일심의 문에 들게 하소서
성불의 문을 열게 하소서

향을 사르오며

님에게로 가는 길
너무도 멀고 험하여
오른손 부처님 마음
왼손 내 마음이라
애써 위안하며
두 손 곱게 모은
꽃봉오리 영혼으로
먼동이 트는 새벽
희미한 촛불 아래
향을 사르옵니다

실낱처럼 퍼지는 연기 따라
마음으로 오시는 님이시여
엎드려 절하옵는 정성 따라
육신으로 오시는 님이시여
자비하신 광명 아래
님의 마음 나의 마음 하나 되어
연꽃으로 피어나게 하소서

인연에 걸리는 번뇌는

님의 마음속 믿음의 빛으로
소멸되게 하시고
장애를 드리운 망상은
나의 마음속 자성의 빛으로
소멸되게 하시어
차디찬 겨울에도
따뜻한 가슴을 지닌
관음조가 되게 하소서
사랑의 시를 쓰고
자비의 노래를 부르는
관음의 화신이 되게 하소서

그녀는 禪여인

부처님 전 촛불 밝히고
꽃 한 송이 공양 올리며
스무 하루 지극정성으로
경전을 읽고 기도하며
신성한 정념의 길을 가는
그녀는 禪여인

법과 자신에 의지한 채
무주상 보시로
만복의 씨앗을 뿌리며
부단한 정진으로
원력 소생한 보살이 되고자
관세음보살을 독송하는
그녀는 禪여인

순수한 정직으로
자신을 바라보고
용기 있는 양심으로
자신을 일깨우며
가슴 벅찬 행과 실천으로

자유의 날개를 활짝 펼치는
그녀는 禪여인

진리를 사유하며
온전한 삼매에 들어
우주의 본바탕을
보고 느끼고 체험하고자
매 순간순간마다
성자의 면목을 선택하는
그녀는 禪여인

선근 공덕으로
모든 장애 사라지고
진여 불성 무상심으로
여울목 힘찬 물줄기가 된
그녀는 禪여인
그녀는 禪여인 관세음보살

마음을 보는 여자

매일 아침
거울을 보는
여자가 있었습니다
헝클어진 머리를
곱게 빗질해도
지혜는 얻을 수 없었고
핏기 없는 입술에
립스틱을 짙게 발라도
미소는 그려내지 못했으며
불어나는 몸매에
비싼 명품 옷을 입어도
행복은 결코 느낄 수 없었던
그런 여자가 있었습니다

그런데
어느 날부터인가
경전을 읽으면서
지혜를 터득하였고
화장을 고치는 대신
웃는 연습을 하였으며

육신의 옷차림보다는
마음을 알아차림 하며
영혼의 거울을 갈고 닦아
자신을 보게 되었습니다

마침내
지혜와 열정이
샘물처럼 끝없이 솟아났고
사랑과 보시를
습관처럼 실천하기 시작하자
고운 향기가 배어나왔습니다
존재의 향기
자비의 향기
붓다의 향기였습니다

문 없는 문

보이진 않으나
내 앞에 있는 문 없는 문
두 발을 들여놓으려니
얼어붙은 산이로다
버리고 비워 가벼워지면
지나가던 바람결에 묻어
이 육신 문 안으로 날리울까
작고 보잘 것 없는 佛心에
기도라는 신비한 방편으로
이 영혼 문 안으로 들어설까
부질없는 생각으로 위로하는
이 새벽
한없이 초라하여라

오호 통제라!
마음의 눈으로는
온통 문 앞을 서성이며
육신의 굳은 습은
애써 문 앞을 외면하는
용서할 수 없는 윤회의 삶

더없이 부끄러워라
머리에서
가슴으로 내려온 사랑
발 밑으로
내리기만 하면 되거늘
성불의 문
그 문 앞에서
관념 덩어리 육신에 속고
망상 덩어리 마음에 묶여
오늘도 그저 바라만 보겠지

아희야!
부처가 오면 부처를 죽이고
조사가 오면 조사를 죽여야 하리라

약수암

꽃다운 시절
나무를 깎고
돌을 다듬어
움막 같은 토굴에서
한라산 정기 마시며
오로지
이 뭣고?
화두 하나 붙잡고
육십여 년 반평생
여자를 버렸노라
속세를 잊었노라
외로운 方外之士
파란만장 득도의 길

덧없는 세월
작은 육신이야
늙고 쇠한들 어떠리
삼엄한 기질로
비를 불러
하늘을 울리고

바람을 불러
땅을 흔드나니
약수 물방울소리
영험한 산기슭
선문대 할망
심청정 절대자유
영원히 빛나리라

한라산 관음사

영험한 한라의 정기
탐라국을 감싸고
봉려관스님의 기도
해월 토굴 뚫어
하늘에 닿을 적에
관세음보살의 빛과
일심으로 흐른 인연
꿈의 관음도량 이루셨네

속세를 뒤로하고
일주문에 들어서니
정법을 수호하는
천신들의 찬탄 드높고
그윽한 편백 향에 취한
돌담 부처님들
모두 다른 미소
모두 함께 자애롭구나

대웅전 부처님께
삼배 예 올리고

먼 산 바라볼 적에
고해의 사바세계
미리 나투신
미륵 부처님
만불상에 둘러싸여
복덕의 용화세계 일러주시네

한 생각 멈추고
두 손 모아 합장하니
걸림 없는 이 육신이
바로 관음불이요
한 마음 모으고
무릎 꿇어 절을 하니
분별여윈 이 영혼이
바로 미륵불이라네

존자암 가는 길

숲 속 작은 오솔길
은빛 조릿대 소곤대는
그 길은 자유의 길
속세를 뒤로하고
초록 나무 어루만지니
파란 하늘과 하나 되는
그 길은 깨달음의 길

나뭇가지마다
까악까악 까마귀
눈부신 햇살을 부르고
어디선가 나타난
갈색 노루 한 마리
그 눈빛 맑기도 하여라

하늘이 땅에 닿고
땅이 하늘인 도량
세존의 꿈이
이상향으로 숨 쉬는 곳
영실 불래오름

존자암 가는 길
그 길은 도솔천 가는 길

養眞堂 그곳에 가면

백 년을 서성거려도
남방에서 해가 뜨지 않는
養眞堂 그곳에 가면
구름이 머문 곳을 찾아
비 올 때나 기다리는
한가로운 남자가 산다
처마 얕은 흙집 토방
신작로 먼지 날리우는
養眞堂 그곳에 가면
이 빠진 돌그릇에
한 끼의 죽을 담아
허기진 배를 채우고
나뭇단 베개 삼아 누워
늙은 삼류 여가수의
애절한 노래나 듣는
여유로운 남자가 산다
삼십 년을 들고 놓는
움직임 없이 밥을 짓는
養眞堂 그곳에 가면
똑같은 밥을

한 번도 먹어본 바 없이
쓰디쓴 차 한 잔
한 번도 우려본 바 없이
남아 있는 날
빗물 두 모금 마시고
빨간 연꽃 속으로
돌아가면 된다는
자유로운 납자가 산다
십구 년 된 늙은 개
먹이 챙기는 일이 전부인
養眞堂 그곳에 가면
머지않아 이 일마저
사라질 것을 염려하여
소일거리 삼아
하늘 바로 아래까지
올랐었다는 잘난 사람
누울 자리나 일러주는
마음 착한 납자가 산다

12월의 기도

나지막한 촛불 아래
지그시 눈을 감고
두 손 깊게 모으며
님을 향한 불심으로
새벽 기도 올릴 때면
님께서는 늘 말씀을 주셨지요
님과 하나 되기를 서원하며
살아온 나날들
또다시 한 해를 마감하는
12월의 문턱에 섰습니다

어느 해 어느 하루
살아 있는 것만으로도
가슴 벅찬 기적이었음을
알려주셨을 때
삶의 굴레 안에서 몸부림치던
내 자신이 한없이 부끄러웠지요
님에게 모두 맡긴 후
제 몸과 마음은 제 것이 아니고
그 누구의 것도 아닌

님의 것이 되었습니다

달이 바뀌고
해가 바뀌며
어느새
님의 거룩함은
내 가슴에 본성의 꽃으로 피어
고요한 평화가 깃들었고
님의 자비로움은
내 영혼에 사랑의 꽃으로 피어
아름답고 향기로운
佛詩를 쓰게 하셨습니다

님이시여
온통 눈물뿐인 가련한 삶에
고통이라는 선물로
성불의 문으로 인도하셨음을
무지한 중생은
비로소 느끼고 깨달아
엎드려 참회하며

기쁨의 눈물을 흘립니다
무한한 감동으로
감사의 절을 올리옵니다

님이시여
제게 남아 있는 시간이 있다면
그건 님의 몸종이요
제게 남아 있는 행복이 있다면
그건 님의 원력입니다
님의 거룩하신 가르침
님의 자비로운 사랑을
일체 고해 중생들에게
곱게 회향할 수 있도록
부디 살펴주옵소서

나무아미타불 관세음보살
나무아미타불 관세음보살
나무아미타불 관세음보살

마음의 등불

내 안의 강물에
유유히 흐르는 그 무엇
흘러가는 본래 그대로
수용해서 바라보지 못하고
많은 생각과 관념의 둑으로
걸림 없는 물결을 차단할 때
스스로 우리는 누군가를
사랑하고 미워하기도
좋아하고 싫어하기도 하며
고통을 빚어내기 시작합니다
일체의 감정과 판단은
내 안의 문제인 것입니다
그것은 다름 아닌
마음의 등불이 켜져 있느냐
마음의 등불이 꺼져 있느냐
법계에 이미 두루한 법성
생명에 이미 존재한 불성을
그대로 활용하고 있느냐
그대로 활용 못 하고 있느냐
선택의 문제인 것입니다

맑고 영롱한 내 안의 본성
선하고 정직한 내 안의 자성
그 마음의 등불을 늘 살피세요
그 마음의 등불을 항상 켜세요
등불이 꺼지면
욕심과 시기와 교만의 가아가
주인 행세를 하며 괴롭힐 것이요
등불이 켜지면
사랑과 정직과 양심의 진아가
제대로 주인 노릇을 하며
행복해지는 이유입니다
참 주인공인 정신문명이
가짜 주인공인 물질문명에 밀려
세상이 혼탁하고 부패하면
안 되는 것이기 때문입니다

마음의 등불을 켜는 일
인생에서 가장 중요한 일이요
세상에서 가장 시급한 일입니다
밝고 아름다운

마음의 등불을 늘 켜십시오
선하고 양심적인
영혼의 등불을 항상 켜십시오
그리할 때
내가 충만해질 것이요
비로소
세상이 평화로워질 것입니다

감동하세요

세상에 온 이유는
감동하기 위해서입니다
눈과 코와 귀 그리고 입은
보고 맡고 듣고 먹어보며
많이 느끼고 체험해서
감동하며 살다 오라는
神의 위대한 선물입니다

깨어나야 합니다
잠에서 깨어나는 것만이
깨어나는 것이 아니요
무명에서 깨어났다 해서
완성되는 것이 아닙니다
깨어났으면 감동해야 합니다
세상은 온통
감동의 소재요 대상입니다

매일 아침
찬란하게 떠오르는 해를 보며
오늘을 선물하는

우주에 감사하고 감동하세요
매해 봄날
어김없이 피어나는 꽃을 보며
곱고 향기로운
자연과 합일하며 감동하세요
매일매일
일하고 노력하고 사랑한 만큼
오차 없이 보람과 대가를 주고
아프고 힘들고 고통 받은 만큼
성장의 기쁨과 행복을 돌려주는
법계의 정직한 진리와 순리에
감격하고 감동하세요

감동 없는 삶은
문제가 있는 것이요
감동하지 않는 인생은
잘못 살고 있다는 증거입니다
육신이 살아 있다고
살아 있는 것이 아닙니다
魂, 가슴이 살아 있어야

진정 살아 있는 것입니다
깨어나고 감동할 때
비로소 진리를 알게 되는 것입니다
비로소 창조를 하게 되는 것입니다

창조자가 되세요

쉽게 얻은 것은
귀하지 않습니다
그것이 무엇이든
힘들고 어렵게
얻거나 이루었을 때
느꼈던 아픔만큼
받았던 고통만큼
결과는 귀하고 빛이 납니다

아픔을 수용하고
고통을 인정하며
일도 사랑도 하세요
공부의 지름길이요
성장의 발판입니다
쉽다는 것은
흔하다는 다른 표현이요
흔하다는 것은
모방의 결과인 것입니다

창조자가 되세요

우리는 이미 구족된 신입니다
내 안에 창조의 능력이 있습니다
모방은 남의 길을
따르는 것이라 쉽습니다
창조는 고유의 길을
내는 것이라 어렵습니다
낯설다고 기피하고
어렵다고 회피하면
편안해도 감동은 없습니다

망망대해에
나만의 배를 띄워보세요
모세의 기적처럼
자신만의 뱃길이 열립니다
할 수 있다는 신념과
용기 있는 실천의 선택이
그대의 몫일 뿐입니다
늘 우주는 온전히 준비된 채
그대를 기다리고 있습니다
그대를 응원하고 있습니다

가슴이 원하는 일
영혼이 시키는 일을 하십시오
그리할 때 비로소
그대는 행복하기 때문입니다
그대는 완성되기 때문입니다

알아차림 하세요

숲이 시원한 것은
나무와 나무 사이
바람의 숨결이 지날
틈이 있기 때문이요
멋지고 웅장한 대웅전이
천년을 버티는 것은
서로의 간격으로 받쳐주는
기둥이 있기 때문입니다

그러나 이보다
더 중요한 틈이 있지요
깨어 있는 눈으로 지켜보며
알아차려야 할 틈이 있습니다
바로 진아와 가아의 간격입니다
내가 아니라
나의 것일 뿐인 이 육신이
어떻게 먹고 자고
말하고 행동하는지
또렷이 지켜보고 있는 진아
그것이 알아차림이요

그것이 곧 양심입니다

존재하는 모든 생명에는
불성 즉 자성이 있습니다
그 자성이 바로 다름 아닌
사랑이요 양심인 것입니다
진아가 가아에게 지배당하여
번뇌 망상으로 고통스럽게 사느냐
진아가 가아를 철저히 관리해서
자유와 평화로 행복하게 사느냐
오로지 알아차림의 문제입니다
이 거룩한 선택은
바로 그대 자신을 위한 것이라는 걸
또한 그대는 알아차려야 할 것입니다

상처도 꽃이 되더라

추억은 봄날이요
상처도 꽃이 되더라
지금 여기에선 아플지라도
훗날 먼 곳에서 공부이더라

행여 슬픈 자여
삶이란
언제나 행복하지 않듯
언제나 슬프지만은 않다는
진리를 가슴에 새기며
훌훌 털어 일어나세요

혹여 아픈 자여
인생이란
아무 일 없는 세상에
어떤 일을 만드는 무대요
아픔도 스스로 연출한
한 편의 드라마이나니
애써 추슬러 기뻐하세요

고통으로 다가오는
일체의 인연은
마음의 꽃이 피기 위한
애잔한 자양분이요
눈물로써 아른대는
오늘의 현실은
영혼의 완성으로 가는
필연의 계단이나니
애써 용기 내 정진하세요

슬픔 아픔 고통 눈물
결이 다를 뿐
지나가는 바람이나니
훨훨 날려 보내버리고
오늘 이 순간
미소라는 이슬을 머금고
희망이라는 싹을 틔워서
행복이라는 꽃을 피우세요

훗날 거기에선

시들고 사라질지라도
추억은 아름답고
후회는 추하기 때문이나니
지금
여기에서
꽃으로 활짝 피어나세요

나는 할 수 있습니다

나는 산은 아니지만
멀리 바라볼 수 있습니다

나는 바다는 아니지만
넓게 품어낼 수 있습니다

나는 새는 아니지만
높이 날아오를 수 있습니다

나는 꽃은 아니지만
고운 향기를 낼 수 있습니다

나는 신은 아니지만
멋진 창조를 할 수 있습니다

나는 붓다는 아니지만
귀한 자비를 베풀 수 있습니다

왜냐하면 나는 열쇠는 아니지만
내 마음을 열 수 있기 때문입니다

그렇게 살고 싶습니다

풍경소리마저 잠든
고요한 이른 새벽
법당에 촛불 밝히고
향을 사르오며
동쪽 창가로 쏟아지는
맑은 햇살과 함께
하루를 시작하고 싶습니다

궁궐 같은 대웅전이
아니면 어떠하리오
흙내 고운 토담 법당에
소박한 부처님 모시고
불연 따라 오신 그대와
성불의 문을 향해
두 손 모아 기도하며
그렇게 살고 싶습니다

봄이면
한라의 정기 어린
고사리 한 바구니 꺾어

깨소금 솔솔 뿌린 후
부처님 전 곱게 올리고
곤히 잠든 그대를 깨워
도란도란 공양하며
그렇게 살고 싶습니다

여름이면
새소리 정겨운 시냇가에
수박 한 덩이 담가놓고
그대 고단한 두 발이
사랑의 손길에 씻겨
지난 아픈 상처들일랑
모두 치유되길 소망하며
그렇게 살고 싶습니다

가을이면
들판에 핀 감국을 따다
하얀 도자기 찻잔에
노란 국화 한 송이
동동 띄운 차를 마시며

스며든 노을에 그윽해진
그대 눈빛 안에
그렇게 살고 싶습니다

겨울이면
군불 지핀 아랫목에
군고구마 한 접시 준비해
그대는 거룩한 불화를 그리고
나는 아름다운 불시를 쓰느라
새벽이 오는 줄도 모르게
하얀 밤을 지새우며
그렇게 살고 싶습니다

고왔던 얼굴에
주름이 하나둘 늘고
까맣던 머리에
하얀 백설이 내려앉아
근원의 자리로 돌아갈
시절이 도래하면
한때는 속세의 인연으로

비록 고통스러웠지만

한때는 그대의 사랑으로

많이 행복했었노라고

다음 생에서도

존경하고 사랑하는

그대와 함께하겠노라며

그렇게 금생을 마치고 싶습니다

고향으로 돌아가리라

삶의 풍랑에 떠밀려
어딘지조차 모르는
낯선 회색빛 도시에
본래의 내가 아닌
내가 우두커니 서 있네

연일 홍수처럼 쏟아지는
진리와 요원한 정보들
뒤질세라 더욱 화려해진
밤거리 네온사인들
결코 우리가 아닌
너와 나라는 경계에서
바삐 움직이는 사람들
경쟁과 모방이 필수인 이상한 세상
개성과 창조가 무시된 경직된 세상
나를 잃어가며 이룬 성공이
종교가 되어버린 안타까운 세상
물질문명이 정신문명을 앞질러
육신과 마음의 균형이 깨진 세상

고향으로 돌아가리라
중생 놀음 고단한 날개 접고
알음알이가 필요 없는 바보가 되어
생명의 신비로 가득한
순수의 마을로 돌아가리라

고향으로 돌아가리라
알수록 단절되고 얻을수록 분열되는
시작도 끝도 없는 혼돈의 터널을 지나
오직 모름 하나뿐인
동심의 나라로 돌아가리라

고향으로 돌아가리라
우주의 하모니가 조화로운 곳
그 자유로운 본래의 자리에서
율려의 리듬에 몸과 마음을 맡겨
끝없이 춤추고 노래하리라

둘.
사랑의
대화

인연

아카시아 꽃잎이
파란 하늘에
하얀 향기를 뿌린 날
님은 바다 건너
내게로 오셨습니다
슬픈 나의 얼굴이
그대 두 눈가에
영상처럼 흐른 날도
님은 촉촉한 눈망울로
내게로 오셨습니다
텅 빈 나의 밤이
그대 양어깨를
돌처럼 짓누른 날에도
님은 따스한 가슴으로
내게로 오셨습니다
여래가 꿈이었다면
님은 현실이었습니다
님은 사랑이었습니다

잘할게!

지금 이 순간
그대와의 행복이
행여 사라질까
내일을 약속합니다

누군가를 위해
제 몸을 사르는 촛불처럼
그대 앞에 펼쳐질 진실한 꿈들을
그대 위해 살아갈 순수한 가슴을
표현할 길이 없어
잘할게! 라고 말합니다

그대를 너무나 좋아해서
조금은 두렵고
그대를 너무나 사랑해서
조금은 불안한
덜 익은 풋사랑에게
잘할게! 밖에 못 합니다

날이 가고 해가 바뀌어도

변함없을 이 심장을
미리 보여줄 수 없어
안타까운 이 마음을
사랑해! 로도 모자라
잘할게! 라고 속삭입니다

잘할게! 2

마치 흙 속에서
보석을 발견하듯
만남이 기쁨이라면
서로를 향해 걸어가는 과정은
조금씩 조금씩 나를 버리고
그대를 닮아가는 수행입니다

마음의 등불을
불성이라고도 자성이라고도 하나
본래 이름조차 없는
그 무엇인 것처럼
그대를 향한 마음
사랑이라고도 인연이라고도 하나
또한 부족합니다

세상에 존재하는
모든 언어와 문장으로
아무리 이야기하고
아무리 시로 표현한들
그대를 향한 이 가슴

그대를 향한 이 울림
설명할 방법이 없기에
그대를 바라보며
그저 멍하니
이렇게 말할 뿐입니다
잘할게! 라고

마주보기

산은 구름과 얘기하고
바다는 바람과 교감하고
강물은 달님과 마주하며
유유히 흐르는데
지금 그대는
누구와 마주보기 하시나요

혼자 산책하기엔
낙엽 지는 이 가을이
너무 쓸쓸하고
혼자 노를 저어 가기엔
출렁이는 이 삶이
너무 두려웁고
혼자 앞만 보며 달리기엔
멀고 험한 세월이
너무 가엾나니
그대여!
저와 함께 산책하고
저와 함께 노를 저으며
우리

마주보기 하지 않으렵니까

어차피
홀로 왔다 홀로 가는 인생
그 기나긴 여정의 뒤안길에
손잡고 거닐 벗 하나쯤 있다면
그 동행은 기쁨의 꽃으로 피어나
향기를 품을 것이요
그 향기는 사랑의 꽃으로 흩어져
세상에 온 의미를 알게 할지니
그대여!
서로
마주보기 하지 않으렵니까

터져 사라져버릴 것 같은
가슴 안의 자비 그 본성과
넘쳐 흘러가버릴 것 같은
마음 안의 나눔 그 자유를 버리고
혼자 여행하기엔
이 우주는 너무 넓고

이 세상은 너무 아름다우니

그대여!

함께

마주보기 하지 않으렵니까

겨울비와 겨울 눈

너의
그리움이 뭉쳐 물방울이 되고
보고픔이 고여 빗물이 된 걸 거야

밤새 이야기해도 모자란 사랑
새벽이슬로 목 축이며
창문을 두드리는 겨울비로 온 걸 거야

하필이면 멀리 있어 사무친 사랑
끝내 먹구름 타고
마음을 애태우는 사랑비로 온 걸 거야

나의
그리움이 뭉쳐 첫눈이 되고
보고픔이 고여 함박눈이 되면
너에게로 가서
새벽에 내리는 겨울 눈이 될지 몰라
나도 너만큼 그립고 보고 싶고
그리고 사랑하니까

첫눈

잿빛 구름에게
세상을 양보한
해님의 마음이
얼마나 곱던지
햇살 대신 눈을 뿌렸습니다
힘들었던 한 해의 기억들
하얗게 지우라며

외롭던 나에게
사랑을 전해준
그대의 마음이
얼마나 깊던지
과거 대신 꿈을 주셨습니다
아팠었던 지난날의 상처들
하얗게 잊으라며

먼 훗날
먼저 떠난 빈 겨울에
첫눈이 내리거든
귀 기울여주세요

고운 해님처럼
깊은 그대처럼
하얀 영혼으로
그대 귓가에 살포시 내려
속삭이렵니다
그대만을 사랑했다며

소망

잠시 스치는
바람이어도 좋습니다
먼 길 돌아
그대 내 가슴에 들어와
인연의 기쁨을 주었으니
무엇을 더 바라겠나이까

이미 주름진
육신이어도 좋습니다
불성으로
그대 내 심장에 들어와
사랑의 본질을 일렀으니
무엇을 더 원하겠나이까

행여 아무리
부족하여도 감사입니다
광명으로
그대 내 영혼에 들어와
인생의 등불을 밝혔으니
무엇이 더 필요하겠나이까

다만 한 가지
그대로 인해
벅차버린 마음이
조금만 더
커졌으면 좋겠습니다
그대를 느끼고
그대를 사랑하고
그대를 위해 살 수 있도록
그랬으면 좋겠습니다

동행

언젠가는 한 우산을 쓸
사람이 있을 거라는 꿈을 꾸었습니다

누군가가 운전하는 옆에 앉아
숲길을 달릴 거라는 느낌이 있었습니다

어디선가 같은 별을 바라보는
사람이 있을 거라는 파장이 있었습니다

그때가 지금 그곳이 여기
먼 길 돌아 내 앞에 선 그대입니다

한쪽 어깨가 빗물에 젖어도
두 개의 우산은 펼치지 않으렵니다

낯선 옆자리가 익숙해지더라도
그토록 부러웠던 의자였음을
잊지 않고 살으렵니다

별똥별이 떨어지는 날

그대 행여 먼저 떠나더라도
그대 차가운 손 절대 놓지 않으렵니다

그림자

허물 없는 이
어디 있으랴
상처 없는 이
어디 있으랴
빛나는 장점보다는
초라한 단점을 보듬으며
그윽한 눈빛으로
늘 머무는 그대
화려한 겉모습보다는
숨겨진 아픔을 치유하며
근원의 사랑으로
언제나 함께하는 그대

외롭지 않은 이
어디 있으랴
두렵지 않은 이
어디 있으랴
갑자기 내린 가을비에
어디론가 사라졌다가
동그란 가을 햇살에

검지도 희지도 않은
여여한 미소로 나타나
잠시 동안 흐르던
내 안의 소요를
잠재워 버리는 그대

너를 사랑하기 위해

맑고 순수한
너의 동심에
미소 지으려고
살아남았나 보다

눈 내리는 겨울
너의 품속에
따뜻이 안기기 위해
숨 쉬고 있었나 보다

부처님을 향한
너의 간절한 기도로
魂의 시가 탄생되려고
절벽에서 돌아왔나 보다

너를 만나기 위해
너를 사랑하기 위해
여태 죽지 않고
내가 살아 있었나 보다

가을사랑

노오란 은행잎이
겨울로 가는 벤치에
차곡차곡 쌓일 무렵
허락한 바 없는
심장의 도발이
두근두근 시작되었다
낙엽처럼 가버릴 사랑
다신 않겠다던 다짐은
이미 가슴을 점령해버린
그리움 앞에 무너지고
한 줄기 바람에 몸을 맡긴
저 은행나비들처럼
내 안의 사랑나비도
그이가 있는 곳으로
나풀나풀 날고 있었다

아시나요

아시나요
그대 따스한 눈빛이
내 가슴에 촘촘히
별빛처럼 박히더니
나의 노트에서 詩가 되어
세상을 밝히는 등불이 되고 있음을

아시나요
그대 진실한 사랑이
내 영혼을 산산이 깨울 때마다
사랑의 공식을 알아차림 한 나는
멀리서나 가까이서나
혹은 이별을 하더라도
오직 그대만을
사랑할 수밖에 없음을

그리고
아시나요
사실은 내가 했던
사랑한다는 말보다

더 깊고 더 넓게
그대를 사랑하고 있다는 것을

셋.
자연의
노래

모란

바람 불어 시원한 저녁
텅 빈 영혼 안에
벼락이 칩니다
늙어가는 생의 길목에서
그대라는 황홀한 자태로
심장이 다시 뛥니다

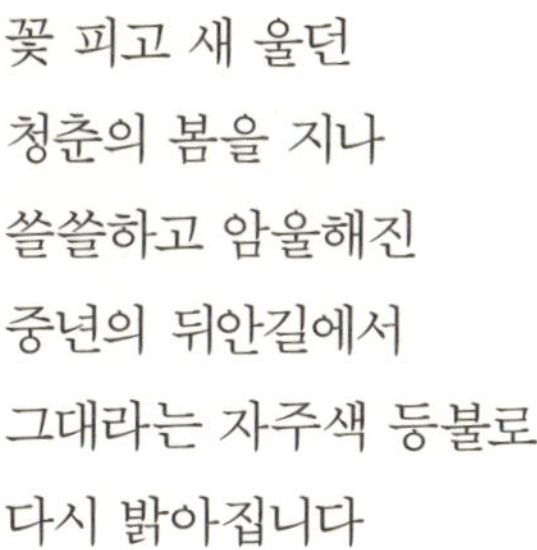

꽃 피고 새 울던
청춘의 봄을 지나
쓸쓸하고 암울해진
중년의 뒤안길에서
그대라는 자주색 등불로
다시 밝아집니다

아!
정녕 몰랐습니다
그대라는 풍성한 사랑이
내게 오고 있었다는 것을
그대라는 아름다운 빛이
나를 다시 살게 한다는 것을

꽈리

하얀 얼굴로
꽃이 되었지만
한가위 보름달 뜨기까지
곱게 익은 초롱불이 되어야 해
가을은 붉은 시절이니까
닮아간다는 것은 사랑이니까

설레는 많은 꿈들은
한 모금 촉촉한 빗물로 삭이고
지나친 버거운 열정은
한 줄기 시원한 바람으로 식혀야 해
가을은 겸허의 계절이니까
하심한다는 것은 평화이니까

진주를 품은 조개처럼
하얀 눈이 온 세상을 덮기까지
가슴을 비우고 활짝 열어
내 안의 사랑을 보여주어야 해
마음 아픈 이들이 많기 때문이야
함께한다는 것은 해탈이니까

으름꽃

초록 잎사귀 사이
숲속 작은 요정들
행여
내리쬘 뜨거운 태양에
여린 꽃잎 녹아내리면
몰아칠 쓰라린 바람에
고운 얼굴 스러지면
눈이 시리도록
아름다운 이 순간을
영원으로 기억할게
다행히
어느 이른 가을 날
알알이 익힌 꿈들을
더는 감당할 수 없어
이로운 세상을 향해
가슴을 활짝 열면
너의 숭고한 본질을
미처 알아채지 못한
나는
많이 부끄러워질 거야

나팔꽃

장엄한 종성이
산사를 깨우는 새벽
한 모금 이슬로
입술을 축이고
한 줄기 바람으로
미소 짓는 그대

뜨거운 태양이
여름을 통째로 삼키는
혹독한 한낮이 오면
그 가녀린 얼굴
행여 녹아내릴까
새가슴이 된 나

안개처럼 스미는
짙은 어둠이
오그라든 영혼 감싸면
또다시
해맑게 웃음 짓는
치명적인 그대

오! 그대여

그대가 본 푸른 하늘

그대가 쥔 고운 성품

그대를 닮고 싶은

이 바보에게

속삭여주지 않으렵니까

백목련

차가운 바람이
옷깃을 스치고
가녀린 햇살마저
구름 속에 숨은 오후

연둣빛 저고리
미처 여미지 못한 채
속살 고운 젖가슴
봉긋하게 드러낸
여인네의 겨울 외로움

더는 참을 수 없어
더는 견딜 수 없어
하얗게 터져버린
님을 향한
여인네의 겨울 그리움

상사화

끝없이 펼쳐진
못다 핀 사랑의 수채화
슬프도록 눈물겨워라
심장에 흐르는 핏빛 그리움
산자락 타고 온통 두근두근
박동소리 요란하고
옷깃만 스쳐도 오백 겁이라
혹여 지나는 바람결에
님의 흔적 더듬을까
추켜올린 속눈썹
길고도 아찔하구나
혼을 불태우는
못다 한 인연의 메아리
서럽도록 아득하여라

설중매

마지막 가로등불
숨죽여 남겨두고
밤의 빗장을 걸어 잠근
하얀 겨울 뜨락

부슬부슬 내리는
고요한 함박눈에
순결한 얼굴
살포시 내민 백색 미인

추위는 품고
향기는 내려놓은 채
덧없는 세월
피었다 지고 마는
그윽한 자태여

밤이 깊어갈수록 희다 못해
한 줄기 푸른 별빛으로
내 영혼을 깨우는
아리따운 군자여

달개비꽃

어느 날
꿈을 꾸었습니다
파란 하늘과 조화로운
에메랄드 빛 그곳을

훨훨
날아다녔습니다
끝없이 펼쳐진 지평선
자유로운 그곳을

문득
허탈하였습니다
잠에서 깨어났을 때
파랑새가 아니었음을

그래서
훔쳤습니다
잊을 수 없는 마음의 고향
그곳 바다를

蘭 앞에서

눈에 넣어도
아플 것 같지 않은
자그마한 잎새
그 치명적인 한계를 넘어
꽃망울 터트린
작고 신비로운 우주여
모든 걸 내려놓고
비워내지 않고서야
그 청초한 향기
맡을 수 없을 것 같고
모든 걸 수용하고
품어내지 않고서야
그 사랑스런 이야기
들을 수 없을 것 같아
너를 바라보는
눈을 감고
나를 바라보는
눈을 떠야만 했다

겨울 동백

이루지 못한 인연
못내 안타까워
붉은 눈물 뚝뚝 흘리는
선홍빛 겨울 사연
그대 오시기 전
하얀 눈발이
타는 입술을 덮치더라도
정녕 그대만을 기다렸노라
그대 오신 후
검은 삭풍에
몸을 던져 낙화했더라도
정녕 그대만을 사랑했노라
잠 못 이루는 겨울밤
끝없이 들려오는 한 맺힌 절규
동트는 새벽이면 끝나려나
참으로 아득하여라

노박덩굴

졸졸 흐르던 계곡물
아기자기 돌멩이에
차르르르 부딪치며
늦가을을 적실 적에
노오란 고깔 사이
살며시 고개 내민
남사등 구슬

가늘고 여린 줄기
소나무에 의지한 채
하늘바라기 하다
떡갈나무 잎사귀
툭툭 떨어지는 소리에
머지않아 다가올
겨울 채비 서두르네

산에 두고 오기엔
그 모습 애처로워
집 뜰에 옮겨 심으면
하얀 눈 내리는 밤

솔 내음 풍기면서

마음속 고독을 훔치는

빨간 등불이 될지도 모르리

들국화

무르익은 가을 들녘
내리쬐는 햇살에게
실눈으로 윙크하며
불어오는 바람결과
손을 잡고 춤추는 너
소박한 사랑의 몸짓
곱기도 하여라

외딴 허허로운 가슴에
스쳐 지나는 모든 것을
감사와 수용으로 끌어안고
본성의 소리에 귀 기울이며
흐드러지게 피어 있는 너
걸림 없는 자유의 영혼
아름답기도 하여라

하늘을 보면서도
내려놓지 못한 아둔함으로
탐욕만을 갈구하였고
바람을 느끼면서도

어울리지 못한 상실감으로
패배만을 기억하였던 나
무지했던 지난날의 관념
슬프기도 하여라

이름 없는 꽃

외딴 들판에 홀로 핀
이름 없는 꽃이여
그대 외로워 말아라
그 누가
보아주지 않아도 꽃이요
알아주지 않아도 부처요
불러주지 않아도 존재이리니
그대 서러워 말아라

부드럽게 품어주는 대지가
어머니 품이요
따스하게 비춰주는 햇살이
아버지 미소요
지나가는 비와 구름과 바람이
형제들 사랑이요
아름답게 혼을 심어주는 시인이
그대 벗이리니
그대 기뻐하라

홀로 왔다 홀로 가는 인생

어디 꽃뿐이랴
피고 지고 변화하는 모습
어디 그대뿐이랴
고독은 무심한 본질이요
변화는 영원한 순리이리니
그대 감사하라
그대 축복하라

능소화 연가

못다 한 연정
못내 아쉬워
주홍 눈물 흘리며
님 계신 곳
향하오리다

상처 난 가슴
듬성듬성 꽃잎 되어
바다를 적시면
님이시여
소식 전해오리이까

찢어진 생채기
갈래갈래 줄기 되어
산을 넘으면
님이시여
내게 돌아오리이까

님이시여
나의 님이시여

애달픈 마음
타다 타다 재가 되어
먹구름에 닿으면
한줄기 소낙비로
님 곁에 내리오리다

유채꽃밭에서

오늘 밤
별이 안 뜰지도 몰라
하늘에 있던 노란 물감을
모두 하얀 캔버스에
쏟아부었기 때문이지

오늘 밤
바람이 안 불지도 몰라
허공에 불던 초록 숨결이
모두 꽃 속 호수에
숨어버렸기 때문이지

오늘 밤
잠이 안 올지도 몰라
두고 온 꽃과 별과 바람이
모두 밤사이
빗물에 스러질까 때문이지

오늘 밤
나는 꽃이 될지도 몰라

내 몸과 마음이
온통 노랗게 물이 들어
이미 사라졌기 때문이지

별꽃편지

내일을 위해 해도 잠들 듯
내년을 위해 꽃잎이 아닌
꽃송이로 떨어집니다
이별은 슬프지만은 않은
새로운 인연의 씨앗이기에
시들기 전 선택한
아름다운 몸짓입니다

이 육신은 가고 없어도
여전히 남아 있을
뿌리 깊은 약속이기에
하얀 꽃잎에 맺힌 이슬 같이
백지 위에 연보랏빛 잉크로
별처럼 촘촘히 빛나는
편지를 씁니다

고운 마무리는
흐뭇한 회상의 선업이기에
오늘은 하얗게 서럽지만
내일은 신비롭게 나툴 거라는

가슴 설레는 재회의 기쁨을
별처럼 빼곡히 메모한
편지를 부칩니다

메밀꽃밭에서

여름이 시작되는 날
바다가 그립다면
산으로 갈 일이다
소나무라는 섬을 둘러싼
은빛 물결들의 속삭임이
나를 반겨줄지 모른다는 상상
그건 꿈이 아닌 현실이었다

여름이 끝나가는 날
하늘이 궁금하면
다시 산을 찾을 일이다
겨울 소식을 미리 가져온
하얀 눈송이들의 이야기가
나를 매혹시킬지 모른다는 기대
그건 꿈이 아닌 감동일 테니까

눈 속에 갇힌 국화

골 깊은 산언덕
지평선으로 내려앉은
보름달빛 받아
겨울 안에 갇힌 너

그윽한 향기
고고한 자태
눈으로 맡고
가슴으로 바라보나니

너를 향한 사랑이
햇살을 부르거든
이 땅에서
이루지 못한 꿈
저 하늘에서
노오란 별빛으로 흐르렴

가을비

마음을 나눈
하늘과 대지가
봄비라는 생명의 조율로
새싹을 잉태했다면
길고 지루한 장마는
가을날의 동화를 위한
진통의 채찍이었으리라

창문을 두드리는 빗줄기는
야윈 듯 굳은 어깨
뭉친 상념을 내려놓으라고
가슴에 쏟아지는 빗소리는
텅 빈 듯 꽉 찬 마음
무거운 아집을 씻어내라는
무언의 편지이리라

시리도록 흰 눈 앞에
밝게 비우고 맑게 씻겨
눈을 바라보는
상대자가 아닌

눈과 하나인 절대자로
하얀 겨울 앞에 서라는
사랑의 메시지이리라

새벽별

여명이 밝도록
떠나지도 못한 채
반짝이는 별 하나
차가운 밤공기가
노랗던 고운 얼굴
푸르게 얼렸어도
총총히 기다리다
나를 반기네

슬프다는 건
기쁨이 오기 위한
상대적 필연이라
어제는 흐렸으니
오늘은 맑을 거라는
희망의 빛을 전하고
동생이
하늘로 떠나던
그날처럼
먼 곳으로
이내 사라져갔다

밤송이

붉은 단풍잎
손가락 인사하고
노란 은행잎
부채바람 살랑이니
계절 잊었던
푸른 잎 밤나무
속고쟁이처럼
수줍은 미소 터트렸네

곱디고운 얼굴
초저녁 달님 훔쳐볼까
맑디맑은 마음
밤하늘 별님 가져갈까
베일에 가려진
갈색 비밀
정열의 가을 햇살에
그만 활짝 열려버렸네

연어

청운의 꿈을 꾸며
고운 햇살을 벗 삼아
힘찬 물결을 배 삼아
고향을 떠났었지
때로는 오염된 바다도
젊다는 이유로
하얀 파도처럼
눈부실 수 있었고
때로는 불편한 인연도
순수하다는 이유로
고운 사랑처럼
달콤하기도 했었지

이제는 가야 하리라
그리 고왔던 햇살은
초점 잃은 눈동자에
因의 장막이 되고
그리 힘찼던 물결은
늙어버린 지느러미에
果의 장애가 되어도

강을 거슬러 가리라
산란을 위해
목숨을 걸어 점프하리라
해탈을 위해
고향으로 되돌아가리라

귀뚜라미

새벽 갈바람이
창가를 스치는 소리에
눈을 떴을 때
꿈결에 들려오던
나지막한 자장가
그것은
귀뚜라미 노래였다

창문을 열고
높고 청명한 하늘을
바라보려는 찰나
하얀 파도처럼
쏟아져 들어오는 울림
그것은
귀뚜라미 합창이었다

아무것도 한 바 없고
그 무엇도 이룬 바 없는
초라하고 아둔한
내 삶의 공간에도

살아 있다는 이유가
완전함이 된 채
이미 가을은 와 있었다

깊고 넓은
마음의 바다에
비바람 몰아치고
눈보라 쏟아져도
고요히 떠 있는
작은 섬으로
이 가을을 살아가야겠다

상고대

하늘로 보낸 기도
나뭇가지 눈꽃으로
하얗게 내려앉아도
그대 따뜻한 눈빛이
닿지 않았더라면
산에 흩어진
평범한 겨울나무요
그대 황홀한 도전이
만약 없었더라면
햇살에 녹아내린
한 줄기 눈물입니다

사랑으로 피어나
그대 가슴에서
꽃이 되리니
사랑하는 사람이여
순백의 육신으로
맑고 고운 꿈을 꾸세요
사랑하는 사람이여
청정한 영혼으로

높고 푸른 하늘을 보세요
그대 찾은 길목
한 점 바람으로 흩어진
하얀 꽃잎이고 싶습니다

구월이 오면

구월이 오면
봄과 여름을 보내고
기다려낸 분량만큼의
깊은 향기를 피워내는
국화꽃처럼
우리도 살펴볼 일이다

들이마신 소중한 숨을
단전에 이르기도 전에
날숨으로 뱉어내 버리며
외면하고 있지는 않은지
한가로운 하늘과 땅 사이
홀로 분주한 사람으로
상생과 조화의 의미를
놓치고 있지는 않은지
육신을 점검해볼 일이다

구월이 오면
햇살과 바람을 여의고
찬란한 내일의 봄을 위해

오늘의 탐욕을 떨쳐내는
낙엽들처럼
우리도 살펴볼 일이다

내가 무심코 뱉은 언어가
누군가의 귓불을 만지는
포근한 사랑이 아니라
누군가의 가슴을 해치는
형벌이 되고 있지는 않은지
내가 무심코 벗은 신발이
질서와 화합의 평화를
깨뜨리고 있지는 않은지
마음을 점검해볼 일이다

가을을 보라

약속의 땅에서
탐스럽게 익어가는
저 열매들을 보라
베푸는 것만이
삶의 전부인
버림의 성품을 보라
그럼에도 불구하고
만족할 줄 아는
그 사랑을 보라

믿음의 자연에서
미련 없이 떨어지는
저 낙엽을 보라
양보하는 것만이
인생의 방편인
비움의 소통을 보라
그럼에도 불구하고
즐거울 줄 아는
그 자유를 보라

열매의 자비는
햇살과의 사랑이었음을
낙엽의 지혜는
바람과의 합일이었음을
두뇌로 기억하고
가슴으로 품어내며
저 거룩한 가을을 보라
저 위대한 가을을 보라

중년의 가을

꽃처럼 곱던
소녀의 봄날이
영원한 줄 알았습니다
들판에 핀 꽃들이
시들어 떨어져도
나와는 상관없는
일인 줄만 알았습니다

태양처럼 뜨거운
청춘의 여름날이
마냥 머물 줄 알았습니다
수평선 고운 노을이
서산에 기울어도
나의 꿈과 열정은
무한한 줄만 알았습니다

노년의 겨울을 위해
아등바등 소리 내며
앞서 살아가기보다는
오늘 하루가 전부인 양

올 가을이 마지막인 양
나그네가 아닌
주인공으로 살고 싶습니다

중년의 가을에
낙엽이 소복이 쌓이면
갈색 코트 깃을 여민 채
노란 은행잎처럼 평화롭게
빨간 단풍잎처럼 성숙하게
호젓한 암자로 이어진 길
그 길을 마냥 걷고 싶습니다

가을을 위한 기도

하늘님이시여
창문을 스치는 소슬바람이
얼룩진 땀의 기억과 흔적을
위로하듯 살가운 새벽
그 어느 해보다도 짙은
가을의 향기를 예견하며
하루를 시작하려 합니다

봄에 피어 올린 생명들이
뜨거운 태양 아래
무릇 성장의 그루터기를 넘어
완성의 질주를 마치듯
우리들 역시 품어 올린 꿈들이
땀 흘린 만큼의 수고로움과
견디어낸 분량의 아름다움으로
이 가을이 더욱 풍성하게 하소서

하늘님이시여
기쁨이 넘치는 곳이라면
그 행복 곳곳마다 나눔 되어

모든 이들의 마음자리에서
감사의 기도를 올리게 하시고
고통이 머무는 사람이면
그 상처 덧남 없이 치유되어
모든 이들의 가을 자리에서
축복의 겨울을 맞이하게 하소서

그리하여
하얀 눈송이가
온 세상을 뒤덮는 순간에도
붉고 노랗게 살아낸 생명들이
겨울 자리에서도
열정의 기도를 드리게 하소서
신성의 기도를 올리게 하소서

11월의 노래

회색빛 물안개
찬 서리로 내리며
들떠 있던 마음
이제
심연의 고향으로 돌아가라네

푸르던 사월의 새싹도
뜨겁던 팔월의 태양도
붉었던 시월의 단풍도
기억 저편으로 넘기고
그만
본래의 순간으로 돌아가라네

행여
하얀 눈이
그대를 흔들더라도
꽃도 아니요 사랑도 아닌
망상일 뿐이려니
침묵의 허공으로 돌아가라네

외돌개

돌담 사이
꼬깃꼬깃
숨겨놓은 첫사랑
바람의 유혹으로
올레길로 향하노니

조각조각
고이 접어 간직한
千年의 그리움
외로운 망부석 되어
님에게로 흐르리라

가파도

나지막한 돌담 사이
스며드는 해풍이
청보리 잎새를 만지니
풀피리소리 끊임없는
섬 안의 섬

은빛 물결 바다님이
높고 파란 하늘님에게
반짝이며 노래할 때
이에 질세라
파도치는 초록 물결들

어디선가 날아든
하얀 갈매기 한 마리
자유가 무엇인지
거룩한 진리를 펼치는
마지막 지상낙원

태초의 향기 품고
집으로 돌아온 이후

지금 이 순간까지
내 마음에 떠 있는 섬
그 섬에 가고 싶다

사려니숲길

눈부신 햇살이
편백나무 사이로 쏟아지는
유월이 오면
나는 사려니숲길을 간다
하늘이 열리고
땅이 호흡하던 날
태초의 신비를 고이 간직한
고향의 길을 간다

하얀 나비 한 마리
나의 어깨 위로 날아오르고
블루 빛 산수국이
소담한 미소로 나를 반겨주니
닫혔던 가슴이 열리는
신성의 길을 간다

마주치는 초록 잎새에
내 눈은 푸른 호수가 되고
길목마다 황토 송이에
내 몸은 맑은 신이 되어

청정한 마음자리
작은 나무 한 그루 심으러
나는 자성의 숲길을 간다
나는 붓다의 숲길을 간다

성산일출봉

태초에 하늘이 열리고
대지의 용트림으로
오늘을 밝히는
태양의 언덕이 되었소

아침 이슬에 피었다
저녁 바람에 시드는
분홍 나팔꽃처럼
희망의 여명으로 떠올라
마감의 낙조로 사라지는
황금빛 숙명으로
그대와 함께하나니
찬란한 법계의 빛으로
마음의 빗장을 여소서

천년의 푸르른 날
꽃을 피운 소나무는
길고 긴 인고의 세월
그 얼마나 더디었으며
혹독한 육신의 고통

그 얼마나 아팠으리오

매일매일 깨어나는
신화 속의 그대여
하루하루 선물 받는
기회 안의 그대여
걸림 없는 바람처럼
용기 있는 선택으로
보살행을 실천할 때
이미 준비된 그대여
그 무엇인들
이루지 못하리까

오늘은 먹구름이
해를 가릴지라도
근원의 등불이
내일을 밝히듯
무명으로 얼룩진
지난날의 죄와 상처는
지혜의 빛으로 씻기리니

사랑의 빛으로 치유되리니

그대여
오늘 하루
부디 자유롭게 살아가소서
부디 평화롭게 살아가소서

거미예찬

하늘과 땅 사이
무한한 바다에
어망을 드리우고
세월을 낚는 허공의 어부
촉촉한 비가 오면
알알이 영롱한 샘을 만들어
행복을 저축하고
위험한 바람이 불면
창문을 활짝 열어젖혀
고난을 넘어서면서
끈끈한 점액질을 방편 삼아
눈먼 이방인들을 낚아채는
영악하나 지혜로운 주인공
좁을라 치면 끝없이 작고
넓을라 치면 한없이 큰 집
한 올 두 올 실타래를 풀어
자신만의 왕국을 건설한 채
우주의 이치와 계합하고
기다림의 미학을 즐기는
자유로운 허공의 도인일세

등나무 아래에서

아희야
사월이 다 가기 전
여백이 충분한
하얀 백지와 펜을 들고
꽃비 날리우는
벤치로 가자

아희야
높은 이상보다
낮은 현실을 밝히는
꽃등불 아래에서
아래로 흐르는
下心의 시를 쓰자

아희야
두뇌 속의
별 같은 지혜와
가슴속의
꽃 같은 사랑으로
初心의 글을 쓰자

아희야
쓰고도 쓰고도 솟는
샘물 같은 언어로
읽어도 읽어도 좋은
꿈결 같은 문장으로
연보랏빛 등을 켜자

「이 도서의 국립중앙도서관 출판예정도서목록(CIP)은 서지정보유통지원시스템 홈페이지(http://seoji.nl.go.kr)와 국가자료공동목록시스템(http://www.nl.go.kr/kolisnet)에서 이용하실 수 있습니다.(CIP제어번호: CIP2016005437)」

풍경소리

초판 1쇄 발행 2016년 3월 10일

지은이 변경이 **펴낸이** 임정일
편　집 장해라 **디자인** 양동빈

펴낸곳 책나무출판사
출판신고 2004년 4월 22일(제318 · 00034)

주소 서울시 영등포구 신길3동 325 · 70 3F
전화 02 · 338 · 1228 **팩스** 0505 · 866 · 8254
홈페이지 www.booktree.info

ISBN 978-89-6339-468-8 03810